SHORT STORIES IN ENGLISH/ITALIAN

UNLOCK IGNITE & TRANSFORM YOUR LANGUAGE SKILLS WITH CONTEMPORARY ROMANCE

LAURA MARIANI

The
PEOPLE
ALCHEMIST

ABOUT THE AUTHOR

Laura Mariani is best selling Author, Speaker and Entrepreneur.

Laura is a Fellow of the Chartered Institute of Personnel & Development (FCIPD), Fellow of the Australian Human Resources Institute (FAHRI), Fellow of the Institute of Leadership & Management (FInstLM), Member of the Society of Human Resources Management (SHRM) and Member of the Change Institute.

Laura writes non-fiction positive psychology success books for women in business and contemporary romance focusing on city life rom-com and billionaire romance books with a dabble in office romance.

Well, after all that hard work climbing the career ladder, you need to have some fun!

She writes strong female characters with backbone, big hearts and a stubborn streak. Every story has a happy ever after or a happy for now, and will make you laugh, gasp and cry a little.

Unless you have no sense of humour ;-).

Laura is based in London, England and, when she is not writing, she loves travelling, painting and drawing, tennis, rugby, and of course fashion (the Pope is Catholic after all).

SULL' AUTRICE

Laura Mariani è un'Autrice di best seller, Oratrice pubblica e Consulente.

Laura è Fellow del Chartered Institute of Personnel & Development (FCIPD), Fellow dell'Australian Human Resources Institute (FAHRI), Fellow dell'Institute of Leadership & Management (FInstLM), Membro della Society of Human Resources Management (SHRM) e membro del Change Institute.

Laura scrive saggistica sul successo e psicologia positiva per donne nel mondo degli affari e anche storie d'amore contemporanee, concentrandosi su commedie romantiche con sottofondo la vita di città e un tocco di affari clandestini in ufficio.
Dopo tutto quel duro lavoro e impegno sulla carriera, uno si devie divertire un po'!

Laura scrive personaggi femminili forti con spina dorsale, cuore grande e una vena testarda.
Ogni storia ha un lieto fine o almeno un finale felice per ora, e ti farà sussultare, piangere e ridere un po' - a meno che tu non abbia il senso dell'umorismo ;-).

Lei vive a Londra, in Inghilterra e, quando non scrive, ama viaggiare and dipingere, seguire il tennis, rugby e, naturalmente, è appassionata di moda (dopo tutto il Papa è cattolico).

Sign up for her newsletter at www.thepeoplealchemist.com and stay up to date on all latest Laura book news and blog.

You can also follow her on

www.thepeoplealchemist.com
@PeopleAlchemist
instagram.com/lauramariani_author

Iscriviti alla sua newsletter su www.thepeoplealchemist.com e rimani aggiornato su tutte le ultime notizie sui libri e sul blog di Laura.

Puoi anche seguirla su

www.thepeoplealchemist.com
@PeopleAlchemist
instagram.com/lauramariani_author

ISBN: 978-1-915501-61-5

ISBN: 978-1-915501-61-5

INTRODUCTION

Welcome to the series **Unlock Ignite & Transform** your language skills reading short stories.

When we are born, every possibility exists to pronounce and learn every sound in every language. But early on, our brains lay down neural pathways that interweave with the sounds we hear daily, eliminating sounds and words from other languages.

The **Unlock Ignite Transform** series aims to unlock the power of your subconscious mind and assist in resurfacing those abilities that have always been at your disposal.

Our subconscious is ready to execute any message we send and reproduce it in our physical reality, like a printer.

In this book, you will not find any dictionary, synonyms or grammar points because that would signal to your subconscious mind that you are *learning* and *practising* a new language.

Instead, we want to send the message that you are *reading* in two languages because you *already know them* both and you

INTRODUZIONE

Benvenuto alla series **Unlock Ignite & Transform**a le tue abilità linguistiche leggendo racconti.

Quando nasciamo, esiste in noi ogni possibilità di pronunciare e imparare ogni suono in ogni lingua. Ma presto i nostri cervelli stabiliscono percorsi neurali che si intrecciano con i suoni e parole che ascoltiamo quotidianamente, eliminando suoni e parole di altre lingue.

La serie **Unlock Ignite Transform** ha lo scopo di sbloccare il potere del vostro subconscio e aiutarvi a far riemergere quelle abilità che sono sempre state a vostra disposizione.

Il nostro subconscio è pronto a eseguire qualsiasi messaggio che inviamo e riprodurlo nella nostra realtà fisica, come una stampante.

In questo libro non troverete alcun dizionario, sinonimo o punto grammaticale perché ciò segnalerebbe al vostro subconscio che state *imparando* e *praticando* una nuova lingua.

Invece, vogliamo inviare il messaggio che state leggendo in

are *bilingual.*

The series offers parallel text in both English and Italian to enjoy contemporary literature in both languages (there is no need to constantly refer back to a dictionary because you *already ARE bilingual*).

The more you get the message to your subconscious mind that is *normal* for you to read either language, the more your subconscious will try to demonstrate to you that this is indeed correct.

The sixth short story in the series is **Me Myself and Us.**

Before meeting *Le PDG*, Gabrielle was a provincial middle-class girl who, against the odds, had made it in the oppressively male-dominated world.

He opened her up to sexual and emotional freedom she had never before experienced. But, despite his claims to her being the woman in his life, that did not imply she was the only one...

She was, consciously this time, the other woman, breaking her values to meet her needs.

After her New York trip, Paris promised more freedom. Instead, it raised more bonds to break ...

Happy reading!

due lingue perché *le conoscete già entrambe e siete bilingue.*

La serie offre testi paralleli sia in inglese che in italiano per godersi la letteratura contemporanea in entrambe le lingue (non c'è bisogno di fare costantemente riferimento a un dizionario perché *SEI già bilingue*).

Più il vostro subconscio riceve il messaggio che è normale per voi leggere in entrambe le lingue, più cercherà di dimostrarvi che questo è davvero corretto.

Il sesto racconto incluso in questo serie è **Io Me Stessa E Noi**.

Prima di incontrare *Le PDG*, Gabrielle era una ragazza della classe media provinciale che, contro ogni previsione, ce l'aveva fatta nel mondo opprimente dominato dagli uomini.

Lui l'aveva aperta alla libertà sessuale ed emotiva che non aveva mai sperimentato prima. Ma, nonostante le sue dichiarazioni che lei fosse la donna della sua vita, ciò non implicava che fosse l'unica...

Era, consapevolmente questa volta, l'altra donna, che infrangeva i suoi valori per soddisfare i suoi bisogni.

Dopo il suo viaggio a New York, Parigi aveva promesso più libertà. Invece, aveva sollevato più legami da rompere...

Buona lettura!

'WHAT ARE YOU AFRAID OF?' HE ASKED.

'LOSING CONTROL.' I REPLIED.

'SOMETIMES LOSING CONTROL CAN BE WICKED AWESOME.' HE SAID.

' AND SOMETIMES IT'S A DISASTER.'""

- WORDSAREPUREMAGIC

" 'DI COSA HAI PAURA?' CHIESE.
'PERDERE IL CONTROLLO.' IO RISPOSI.
'QUALCHE VOLTA PERDERE IL CONTROLLO
PUÒ ESSERE TERRIBILMENTE GRANDIOSO.' LUI DISSE.
' E QUALCHE VOLTA È UN DISASTRO.'""

- WORDSAREPUREMAGIC

ME MYSELF AND US

Gabrielle was standing in front of Mr Wonderful, looking at him looking at her. He was sitting at her desk by the window with a letter unfolded in his hands.

Gone was the loving look he had when she left for her walk.

The colour had drained from his cheeks. Instead, he looked stone-faced, almost grey; his eyes were red and swollen.

She couldn't understand what had happened in such a short time when she suddenly noticed the open drawer where she kept THE letter from *Le PDG*.

Before meeting *Le PDG*, Gabrielle was a provincial middle-class girl who, against the odds, had made it in the oppressively male-dominated world.

He opened her up to sexual and emotional freedom she had never before experienced.

But, this time, she was the other woman, breaking her values to meet her needs.

After her New York trip, Paris promised more freedom.

Instead, it raised more bonds to break ...

IO ME STESSA E NOI

Gabrielle era lì in piedi, in fronte a Mr Wonderful, lo guardava mentre la guardava. Era seduto alla sua scrivania vicino alla finestra con una lettera spiegata tra le mani.

Sparito era lo sguardo amorevole che aveva quando lei era uscita per la sua passeggiata.

Il colore era svanito dalle sue guance. Invece, il suo viso era come di pietra e quasi ombroso; i suoi occhi erano rossi e gonfi.

Non riusciva a capire cosa fosse successo in così poco tempo quando all'improvviso notò il cassetto aperto dove teneva LA lettera che le aveva scritto *Le PDG*.

Prima di incontrare *Le PDG*, Gabrielle era una ragazza provinciale della classe media che, contro ogni previsione, aveva avuto successo nel mondo del lavoro oppressivamente dominato dagli uomini.

L'aveva aperta a una libertà sessuale ed emotiva che non aveva mai provato prima.

Ma, questa volta, lei era l'altra donna, infrangendo i suoi valori per soddisfare i suoi bisogni.

Dopo il suo viaggio a New York, Parigi aveva promesso più libertà.

Invece, aveva sollevato più legami da spezzare.

"Dear Gabrielle,

Don't be afraid of how much I desire you. I will shield you with love the next time I see you, with kisses and caresses.

I want to dive with you in all the pleasures of the flesh so that you faint.

I want you to be astounded by me and admit that you have never dreamed of such a thing possible …

And then, when you are old, I want you to remember and tremble with pleasure when you think of me.

You make me hotter than hell... everything you do gets me hotter than hell.

You have raised new hope and fun in me, and I love you, your pussy hair I felt with my fingers, the inside of your pussy, hot and wet I felt with my fingers...

All this madness I asked of you, I know there is confusion in your silence — but there are no actual words to describe my great love....

Last night I dreamed about you; I do not know what occurred exactly. What I do know is that we kept fusing into one another. I was you. You were me.

Then, we caught fire. I remember I was smothering the fire with my shirt. But you were a different, a shadow, as drawn with chalk, and you were lifeless, fading away from me.

Please don't leave me, my darling Gabrielle. I am nothing without you."

Her cheeks went bright red, not knowing what to say. Sheepishly, she hoped that he hadn't read that far or couldn't quite grasp what the letter said. After all, Mr Wonderful's French was pretty basic …

"Cara Gabrielle,

Non aver paura di quanto ti desidero. La prossima volta che ti vedrò, ti farò scudo con il mio amore, con baci e carezze.

Voglio immergermi con te in tutti i piaceri della carne da farti svenire.

Voglio che tu sia sbalordita da me e ammetti che non hai mai sognato che una cosa del genere fosse possibile...

E poi, quando sarai anziana, voglio che tu ricordi e tremi di piacere quando pensi a me.

Mi ecciti e m'infuochi più dell'inferno... tutto quello che fai mi eccita.

Hai suscitato in me nuove speranze e gioia e io ti amo, amo la peluria della tua figa che ho sentito con le mie dita, l'interno della tua figa, calda e bagnata che ho sentito con le mie dita...

Tutta questa follia ho chiesto a te, so che c'è confusione nel tuo silenzio - ma non ci sono parole reali per descrivere il mio grande amore...

La scorsa notte ti ho sognato; non so cosa sia successo esattamente. Quello che so è che continuavamo a fonderci l'uno nell'altro. Io ero te. Tu eri me.

Poi abbiamo preso fuoco. Ricordo che stavo spegnendo il fuoco con la mia camicia. Ma eri un diversa, un'ombra, come disegnata con il gesso, ed eri senza vita, svanendo da me.

Per favore, non lasciarmi, mia cara Gabrielle. Non sono niente senza te."

Le sue guance diventarono di un rosso vivo, non sapendo cosa dire. Mortificata sperava che non avesse letto fino a quel punto o che non riuscisse a capire bene cosa dicesse la lettera.

Dopotutto, il francese di Mr Wonderful era piuttosto di base ...

But the look on his face told otherwise: somehow, he managed it and undoubtedly got the gist. He was sitting there, motionless and speechless. He didn't greet or hug her as he usually would have.

She knew she was in trouble. Paris, Toujours, Paris still taunting her.

Le PDG wrote that letter to her when he feared that their love affair would end soon.

It happened just after the annual Global strategy conference in *Londrienne.*

All board directors of the different companies worldwide attend the meeting as it is customs. *Le PDG* had kept the company headquarters there, just where his grandfather founded it.

The Group had now reached such a humongous proportion that they were struggling to find rooms for everyone in the only three hotels in the small town.

Many were staying in the adjacent cities, and buses had to be arranged to transport people back and forward to the three days conference. Same for the taxis: there were only two privately owned ones in town, and her PA booked one for her way in advance to ensure she could get around.

"Bonjour Madame", the taxi driver greeted her.
"Nous sommes occupés, très occupés. Tout le monde et sa sœur sont venus au Vatican pour voir le Pape", he said smiling, making the comparison between the company and *Le PDG* and Vatican City and the Pope.

Tuttavia l'espressione sul suo viso diceva diversamente: in qualche modo, ci era riuscito e senza dubbio aveva capito il senso della lettera. Era seduto lì, immobile e senza parole. Non la salutò né la abbracciò come faceva di solito.

Sapeva di essere nei guai. Parigi, sempre Paris continuava a tormentarla.

Le PDG le scrisse quella lettera quando temeva che la loro storia d'amore sarebbe finita presto.

Era successo subito dopo la conferenza annuale sulla strategia globale in *Londrienne.*

Tutti i consigli di amministrazione delle diverse società in tutto il mondo partecipano alla riunione come consuetudine. *Le PDG* aveva mantenuto lì la sede centrale dell'azienda, proprio dove l'aveva fondata il nonno.

Il Gruppo aveva ormai raggiunto una proporzione così colossale che stentavano a trovare camere per tutti negli unici tre alberghi della cittadina.

Molti alloggiavano nelle città adiacenti, e bisognava predisporre degli autobus per trasportare le persone avanti e indietro dalla conferenza per i tre giorni. Lo stesso si poteva dire per i taxi: ce n'erano solo due di proprietà privata in città e la suo assistente personale ne aveva prenotato uno in anticipo per assicurarsi che potesse spostarsi senza problemi.

"*Bonjour Madame*", la salutò il tassista.
    "*Nous sommes occupés, très occupés. Tout le monde et sa sœur sont venus au Vatican pour voir le Pape*", aveva detto sorridendo, facendo il paragone tra azienda e *Le PDG* e la Città del Vaticano e il Papa.

This town reminded her of her childhood: her *Mamie* was French and had a house in a small village in Provence.

So Gabrielle and her parents used to spend every summer there. Although the two towns were in opposite directions, one in the North and the other in the south of France, the similarities were striking, as with most small French villages.

The love of a long mid-afternoon break and a slower pace of life is perhaps one of the reasons why living in France sounds idyllic to everybody outside France who wants to leave the city frenzy behind.

The pint-size suburb, however, made Gabrielle feel even smaller. Always did.

"Come to think of it," she thought, "the same could be said for the English place I grew up in".
    Different country, same cage.

When she moved to London, it was like shredding too tight-fitting skin.

She was glad the her role was based in Paris rather than in *Londrienne*. There were only 10,000 inhabitants, one cinema and one theatre: she would go crazy living there. Moreover, everybody knew everybody; most people in town worked for the company or were connected with it.

When she was little, Paris was her dream city, and now she enjoyed the London-Paris Monday to Friday exchange.

Questa cittadina le ricordava la sua infanzia: la sua *Mamie* era francese e aveva una casa in un paesino della Provenza.

Così Gabrielle e i suoi genitori trascorrevano lì ogni estate. Sebbene le due cittadine fossero in direzioni opposte, una nel nord e l'altra nel sud della Francia, le somiglianze erano sorprendenti, come con la maggior parte dei piccoli posti francesi.

L'amore per una lunga pausa di metà pomeriggio e per un ritmo di vita più lento è forse uno dei motivi per cui vivere in Francia sembra idilliaco a tutti coloro che, fuori dalla Francia, vogliono lasciarsi alle spalle la frenesia della città.

Il sobborgo minuscolo, tuttavia, faceva sentire Gabrielle ancora più piccola. Lo aveva sempre fatto.

"A pensarci bene", pensò, "lo stesso si potrebbe dire per il posto in cui sono cresciuta in Inghilterra".
Paese diverso, stesse restrizioni.

Quando si era trasferita a Londra, era stato come fare a brandelli una pelle troppo aderente.

Era contenta che il suo ruolo fosse a Parigi piuttosto che *Londrienne*. C'erano solo 10.000 abitanti, un cinema e un teatro: sarebbe impazzita a vivere lì. Inoltre, tutti conoscevano tutti; la maggior parte delle persone in città lavorava per l'azienda o era collegata ad essa.

Quando era piccola, Parigi era la città dei suoi sogni, e ora apprezzava fare la pendolare tra Londra-Parigi dal lunedì al venerdì.

There were some definite pluses of living in Paris: for example, even on basic salaries, you can afford to eat at *chich cafes*, try new dishes and chat for hours, a champagne lifestyle on a lemonade budget, so to speak.

She was renting a one-bedroom flat in the centre of Paris, just a few minutes from *Gare du Nord* railway station.

It overlooked some hot new restaurants in town, with lots of mismatched furniture, ping-pong tables, fantastic art and an impressive courtyard. She could watch some of the Paris hipsters milling around while cooking.

The flat was beautiful with floor-to-ceiling windows and white walls, yet rent was cheaper than in London, helping to absorb the cost of her commute.

Every Monday morning, she would get up at 6 am in London to catch the 7 am train to Paris.

She discovered that by booking her Eurostar tickets three months in advance, she could get them for € 69 in return, not much more than double a weekly travel card in London.

She would get into the *Gare du Nord* just after 10.30 am, and after a few minutes on the *Metro*, she would be in the office.

From Monday to Thursday night, she would stay at the Paris apartment and keep her work wardrobe there to save on packing. By Friday afternoon, she was ready to return to London life.

C'erano alcuni vantaggi decisivi nel vivere a Parigi: per esempio, anche con stipendi base, puoi permetterti di mangiare chich cafes, provare nuovi piatti e chiacchierare per ore, uno stile di vita da champagne con un budget da limonata, per così dire.

Stava affittando un monolocale nel centro di Parigi, a pochi minuti dalla Gare du Nord stazione ferroviaria.

Si affacciava su dei nuovi ristoranti alla moda in città, uno di quelli con divani e tavoli tutti di stile diverso, tavoli da ping-pong, opere d'arte stupende e un cortile impressionante. Gabrielle poteva osservare dalla sua finestra il via-vai degli hipster parigini mentre cucinava.

L'appartamento era bellissimo con finestre da pavimento a soffitto e pareti bianche, ma con un affitto più economico di Londra, che contribuiva ad assorbire il costo del viaggio settimanale fra le due città .

Ogni lunedì mattina si alzava alle 6 del mattino a Londra per prendere il treno delle 7 per Parigi.

Aveva scoperto che, prenotando i biglietti dell'Eurostar con tre mesi di anticipo, poteva ottenerli a 69 euro per andata e ritorno, non molto di più del doppio di una carta di viaggio settimanale a Londra.

Arrivava alla Gare du Nord subito dopo le 10.30, e dopo pochi minuti sul Metro, era in ufficio.

Dal lunedì al giovedì notte, rimaneva nell'appartamento di Parigi e lì teneva il suo guardaroba da lavoro per risparmiare a portare dei bagagli. Venerdì pomeriggio era pronta per tornare alla vita londinese.

Unlike on the Tube, nobody pushes past you on the *Metro*, which also always seemed to work. Being stressed and rushed is not the Parisian thing to do. Instead, you take time to admire the surroundings and taste the *café crème*.

Overall, Gabrielle was amazed at how straightforward this arrangement had been. Her mother was upset she was further away, while her father, far more laid back, was happy whatever she was doing.

Her London friends found it more difficult because she had minimal time to spend with them.

Living in two cities wasn't tough if it weren't for *Le PDG*.

She had travelled from Paris with the *TGV* for the annual Global conference; many others were doing the same.

The *TGV*, even first-class, was surprisingly cheap compared to railway ticket prices in the UK. It felt like the company had taken over the train.

Gabrielle had been working closely for months with the various people organising the event as part of her new branding strategy. Everything was planned for the millisecond.

She was anxious about seeing *Le PDG* with everybody there.

She had been practising her professional face in front of the mirror because she didn't trust herself. Her feelings for him. And his wife would be there. AND his children were attending the informal dinner.

A differenza della metropolitana, nessuno ti spinge per sorpassarti sul *Metro*, in più sembrava anche di funzionare sempre. Essere stressati e affrettati non è tipico di Parigi. Invece, ti prendi del tempo per ammirare i dintorni e assaggiare il tuo *café crème*.

Tutto considerato, Gabrielle era stupita di quanto fosse stato semplice questo modo di organizzarsi. Sua madre era sconvolta dal fatto che fosse ancora più lontana, mentre suo padre, molto più rilassato, era felice qualunque cosa stesse facendo.

I suoi amici londinesi lo trovavano più difficile perché aveva poco tempo da trascorrere insieme.

Vivere in due città non sarebbe stato difficile se non fosse stato per *Le PDG* .

Aveva viaggiato da Parigi con il *TGV* per la conferenza globale annuale; molti altri avevano fatto lo stesso.

IL *TGV*, anche in prima classe, era sorprendentemente economico rispetto ai prezzi dei biglietti ferroviari nel Regno Unito. In questo tragitto sembrava come se la compagnia avesse preso il controllo del treno.

Gabrielle aveva lavorato a stretto contatto con le varie persone che organizzavano l'evento per mesi, parte della sua nuova strategia di branding. Tutto era pianificato al millisecondo.

Era ansiosa di vedere *Le PDG* con tutti lì.

Si era esercitata in fronte allo specchio per apparire seria e professionale perché non si fidava di se stessa. Dei suoi sentimenti per lui. E sua moglie sarebbe stata lì. Pure i suoi figli vanno a attendere la cena informale.

Gabrielle was trying not to think about it.

And then it happened, just like that.

She was going over the last-minute details with the events team in the main conference room when she felt the need to turn around.

There they were: *Le PDG* and his wife.

He was showing her around, explaining the order of the day and evening, and making her feel comfortable. But, of course, she had to have her "game on", the dutiful supportive wife of the dazzling *Président* of the company.

Nathalie was tall, slender, and blonde, with long straight hair, dressed too old for her age. They had been childhood sweethearts, and she was only in her early forties.

Le PDG noticed Gabrielle was there and moved toward her to introduce them. He didn't want to, but he had to. He had just introduced *Nathalie* to everyone else in the room and couldn't avoid Gabrielle.

"How do you do?" *Nathalie* said in a charming accented English.

The two women shook hands. Her grip was firm, resolute as to say,

'I know who you are, and it won't make any difference. He will never leave me'.

Maybe she was, or perhaps it was Gabrielle's paranoia and jealousy. She had no right to feel jealous. She was the mistress.

"What a difference from before ..." she thought.

Gabrielle stava cercando di non pensarci.

E poi era successo, proprio così.

Stava esaminando i dettagli dell'ultimo minuto con il team degli eventi nella sala riunioni principale quando aveva sentito il bisogno di voltarsi.

Erano lì: *Le PDG* e sua moglie.

Le stava mostrando in torno, spiegandole l'ordine del giorno e della sera, cercando di metterla a suo agio. Ma, ovviamente, lei doveva mantenere le apparenze, la moglie doverosa e solidale dell'abbagliante *Président* della compagnia.

Nathalie era alta, snella e bionda, con capelli lunghi lisci, vestita in maniera troppo antiquata per la sua età. Si erano innamorati da ragazzini, e lei aveva solo poco più di quarant'anni.

Le PDG notò che Gabrielle era lì e si mosse verso di lei per presentarle. Non voleva, ma doveva. Aveva appena presentato *Nathalie* a tutti gli altri nella stanza e non poteva evitare Gabrielle.

"Piacere di conoscerla" disse *Nathalie* in un affascinante inglese accentato.

Le due donne si strinsero la mano. La sua presa era ferma, risoluta come a dire,

'So chi sei e non farà alcuna differenza. Non mi lascerà mai'.

Forse lo sapeva, o forse era la paranoia e la gelosia di Gabrielle. Non aveva il diritto di sentirsi gelosa. Era l'amante.

"Che differenza rispetto a prima..." pensò.

She found out she was the bit on the side six months after she had split up with The Stud, after coming across a charity website that showed the picture of a couple who had a very successful fundraising event-

The Stud and his girlfriend.

The problem was that the fundraising event occurred when Gabrielle and The Stud were, allegedly, still together.

She had been the other woman, unknowingly and unwillingly so.

Gabrielle was S-I-C-K sitting in her bath, scrubbing and scrubbing for hours until she felt clean and remotely better.

She was so mad that she even dreamed of killing him a few times in the most painful way, then downgraded it to chopping his dick off.

But, THIS time, she was the other woman, knowingly and willingly.

And she experienced jealousy like never before. This time, she dreamed of killing the wife instead. Not him. Never him. He had made her feel alive like never before.

Before leaving the room, they talked a bit longer about the order of events. After that, the rest of the day was a blur. Gabrielle ran on autopilot.

She didn't see *Le PDG* again until the evening, at dinner. She took her time and care to prepare for the evening; she wanted to dazzle him.

Aveva scoperto di essere l'amante sei mesi dopo che si era lasciata con Lo Stallone, dopo essersi imbattuta in un sito web di beneficenza che mostrava la foto di una coppia che aveva avuto un evento di raccolta fondi di grande successo-

Lo Stallone e la sua ragazza.

Il problema era che quell'evento era avvenuto quando Gabrielle e Lo Stallone erano, presumibilmente, ancora insieme.

Era stata l'altra donna, inconsapevolmente e controvoglia.

Gabrielle si era sentita N-A-U-S-E-A-T-A e era stata seduta nella sua vasca da bagno per ore, strofinando e strofinando finché non si sentì pulita e un pochino meglio.

Era così arrabbiata che aveva persino sognato di ucciderlo un paio di volte nel modo più doloroso, per poi accontentarsi di tagliargli il cazzo.

Ma, QUESTA volta, era l'altra donna, consapevolmente e volontariamente.

E stava provando gelosia come mai prima. Questa volta invece sognava di uccidere la moglie. Non lui. Mai lui. L'aveva fatta sentire viva come mai prima d'ora.

Prima di lasciare la stanza, avevano parlato ancora un po' dell'ordine degli eventi. Dopodiché, il resto della giornata era come sfocato nella sua memoria. Gabrielle aveva funzionato come con pilota automatico.

Non aveva visto *Le PDG* nuovamente fino a sera, a cena. Aveva fatto particolare attenzione nel prepararsi per la serata, senza fretta; voleva impressionarlo.

Make him see she was the one.

She picked a little black dress, caressing her body in all the right places, revealing her slender but curvy frame.

"You are the curviest skinny girl I have ever seen", he told her once. "I love your ass".

He was a bum man, definitely a bum man.

The dress was showing off Gabrielle's assets, like the mounting of a diamond enhancing its brilliance without being too much.

"Perfect," she thought, looking at herself in the mirror.

Just a smidge of red lipstick as if she had bitten on her lips, and she was ready to go.

Her table was next to the main one where *Le PDG* was sitting with his wife, brother and sister and the other members of the main Board.

Gabrielle noticed he seemed distracted. He conversed politely at the table but kept turning and looking at her. He could not stop.

He wanted her, right here, right now. After that, he didn't care about anything else.

And when Gabrielle left her table to go to the ladies' room, he followed her there.

Fagli capire che era lei la sola e unica.

Aveva scelto un tubino nero che accarezzava il suo corpo in tutti i punti giusti, rivelando il suo fisico snello ma sinuoso.

"Sei la ragazza magra più formosa che abbia mai visto", le disse una volta. "Amo il tuo culo".

Era un amante del sedere, senza dubbio, sedere.

L'abito metteva in mostra gli attributi migliori di Gabrielle, come l'incastonatura di un diamante che ne esaltava la brillantezza senza essere troppo.

"Perfetto" pensò guardandosi allo specchio.

Solo un pizzico di rossetto rosso come se si fosse appena morsa le labbra, ed era pronta per uscire.

Il suo tavolo era accanto a quello principale dove *Le PDG* era seduto con la moglie, il fratello e la sorella e gli altri membri del consiglio principale.

Gabrielle notò che sembrava distratto. Conversava educatamente al tavolo, ma continuava a girarsi a guardarla. Non poteva fermarsi.

La voleva, proprio qui, proprio ora. Dopo di che, non gli importava di nient'altro.

E quando Gabrielle lasciò il suo tavolo per andare alla toilette, lui la seguì lì.

"You looked beautiful", he said.

  "I want you" as he pulled her into one of the empty rooms down the corridor and locked the door behind them.

"I want you. This is torture", *Le PDG* whispered.

"We can't. It's too dangerous," she said.

"I don't care". And, at that moment, he didn't.

He had had several liaisons before, but nothing like this. They were just unattached sex.

His wife tolerated his indiscretions as long as he didn't embarrass himself publicly. She knew he'd never leave her.

But this time, even *Nathalie* could sense something was different.

He had stopped his regular evening calls during the week and was distracted when they were together at the weekend. He seemed to come alive only when seeing the children and when it was time to return to Paris.

And he had started going back earlier and earlier.

He used to take the first *TGV* on Monday mornings. Then, it became Sunday evenings. And now he couldn't wait to leave just after Sunday lunch.

Nathalie knew something was wrong but didn't know what she could do.

"Sei bellissima", disse.

"Ti voglio" mentre la trascinava in una delle stanze vuote lungo il corridoio e chiudeva la porta dietro di loro.

"Ti voglio. Questa è una tortura", *Le PDG* sussurrò.

"Non possiamo. È troppo pericoloso", Gabrielle rispose.

"Non mi interessa". E, in quel momento, non gli importava davvero.

Aveva avuto diverse relazioni prima, ma niente del genere. Erano solo sesso senza legami o conseguenze.

Sua moglie tollerava le sue indiscrezioni fintanto che non si metteva in imbarazzo pubblicamente. Lei sapeva che non l'avrebbe mai lasciata.

Ma questa volta, anche *Nathalie* poteva percepire che qualcosa era diverso.

Aveva interrotto le sue telefonate regolari serali durante la settimana ed era distratto quando erano insieme nel fine settimana. Sembrava prendere vita solo quando vedeva i bambini e quando era ora di ritornare a Parigi.

E aveva cominciato a tornarci sempre più prima.

Prima era abituato a prendere il primo *TGV* il lunedì mattina. Poi era diventato la domenica sera. E ora non vedeva l'ora di andarsene subito dopo il pranzo della domenica.

Nathalie sapeva che c'era qualcosa che non andava ma non sapeva cosa potesse fare.

Sex had never been her thing, and she was glad he had bothered less and less as the years went by. Travelling wasn't on top of her list either. She didn't have his intellectual capacity or depth and they didn't share many interests.

She knew instinctively Gabrielle was His One. She had to stop this.

Gabrielle could hear people passing by in the corridor outside. The fear of being found out added to the excitement of being in his arms. They had to be quick because he was due to make his speech soon.

They composed themselves and left the room one at a time. She waited a few minutes before returning to the main room; checked herself in her mirror, trying to catch her breath.

She got back to her table just in time to hear him speak.

After dinner, everyone mingled and chit-chatted away; Gabrielle played her part and circulated the room, ensuring everyone was all right.

"He looks so handsome", she heard someone say. It was a group of women working in the head office from the communication department.

"I'm wondering who is he screwing now? Poor *Nathalie*", one of them said.

"I bet she lost count"; they all nodded.

Il sesso non era mai stato il suo forte, ed era stata contenta che l'avesse infastidita sempre meno con il passare degli anni. Anche viaggiare non era in cima alla sua lista. Lei non aveva la sua capacità intellettuale o profondità e non condividevano molti interessi.

Sapeva istintivamente che Gabrielle era la sua donna ideale. Doveva mettere fine a questo.

Gabrielle poteva sentire la gente che passava nel corridoio, fuori dalla stanza. La paura di essere scoperti si aggiungeva all'eccitazione di essere nelle sue braccia. Dovevano essere veloci perché presto avrebbe dovuto fare il suo discorso.

Si ricomposero e lasciarono la stanza uno alla volta. Lei aspettò qualche minuto prima di tornare nella stanza principale; si guardò allo specchio, cercando di riprendere fiato.

Tornò al suo tavolo appena in tempo per sentirlo parlare.

Dopo cena, tutti socializzavano e chiacchieravano; Gabrielle recitò la sua parte e circolò la stanza, assicurandosi che tutti stessero bene.

"È così affascinante", aveva sentito qualcuno dire. Era un gruppo di donne che lavoravano nella sede centrale del dipartimento di comunicazione.

"Mi chiedo con chi si scopa adesso? Povera *Nathalie*", disse una di loro.

"Scommetto che ha perso il conto", annuirono tutte.

"I think he is seeing *la Directrice des Ressources Humaines* right now, or so I have heard", she added.

"I'm one of the other other other women", Gabrielle stood there incredulous.

He opened her up to sexual and emotional freedom she had never before experienced. But, despite his claims to her being the woman in his life, that did not imply she had been the only one either.

She wondered how many had been before — even worse if there was someone else now.

Le PDG suddenly appeared from right behind them. The four gossiping women looked partly in shock, mortified and, most of all, terrified.

Le PDG had heard them. They disassembled and left with their tail between their legs.

Gabrielle noticed something else, though:
HE was the one looking terrified.

Not of what people were saying about him but of what Gabrielle was thinking. He could see it in her face. Her beautiful face was now turning away from him.

"Gabrielle, please don't leave", he said.

She couldn't bear to look at him and slowly but surely walked away. He could feel he was losing her, right there.

"Penso che stia vedendo la Direttrice delle Risorse Umane in questo momento, o almeno così ho sentito", poi aggiunse.

"Sono una delle altre, altre, altre donne", Gabrielle rimase lì incredula.

L'aveva introdotta a una libertà sessuale ed emotiva che non aveva mai provato prima. Ma, nonostante tutte le sue affermazioni che lei fosse la donna della sua vita, ciò non implicava che fosse stata l'unica.

Si chiese quante fossero state prima, anche peggio se adesso ce n'era un altra.

Le PDG apparve all'improvviso proprio dietro di loro. Le quattro pettegole sembravano in parte scioccate, mortificate e, soprattutto, terrorizzate. *Le PDG* le aveva sentite. Il gruppetto si disciolse e tutte se ne andarono con la coda tra le gambe.

Gabrielle aveva però notato qualcos'altro:
    Era lui che sembrava terrorizzato.

Non di quello che la gente diceva di lui, ma di quello che pensava Gabrielle. Glielo leggeva in faccia. Il suo bel viso ora si stava allontanando da lui.

"Gabrielle, per favore non andartene", disse.

Non poteva sopportare di guardarlo e lentamente ma inesorabilmente se ne andò. Poteva sentire che la stava perdendo, proprio lì.

They didn't talk for the rest of the evening. Then, finally, Gabrielle made her excuses and left early. The event team had everything under control, and no one needed her.

But him.

Right now, though, she didn't care. She returned to her hotel room and lay there, staring at the ceiling for hours. Her mobile phone was buzzing from the myriad of texts and voice mails he had left.

Gabrielle couldn't talk to him. Neither did she want to.

"What have I left myself into?" she thought.
    "Why did I ...?

The next day was the conference's second day, and she would have called in sick if she could.

But she had commitments, so she put on a brave face and carried on as normally as possible. She avoided being in the same room alone with him as much as feasible.

Le PDG, on the other hand, wanted to be alone with Gabrielle.
    Desperately.

He had to explain. Yes, there had been many before her. But they were just sex. There wasn't anybody else right now. There hadn't been anybody else since her.

Not since he first saw her, even before they had started being together.

He had to explain. Gabrielle had to know.

Non parlarono per il resto della serata. Poi, finalmente, Gabrielle si scusò e se ne andò presto. Il team dell'evento aveva tutto sotto controllo e nessuno aveva bisogno di lei.

Solo lui.

In quel momento, però, non le importava. Tornò nella sua camera d'albergo e rimase lì a fissare il soffitto per ore. Il suo cellulare ronzava per la miriade di SMS e messaggi vocali che le aveva lasciato.

Gabrielle non poteva parlargli. Né voleva.

"In cosa mi sono mischiata?" ruminava.

"Perché ho...?

Il giorno successivo era il secondo giorno della conferenza e, se avesse potuto, se si sarebbe data per malata.

Ma aveva degli impegni, quindi aveva messo su una faccia coraggiosa e aveva continuato il più normalmente possibile. Evitava il più possibile di stare nella stessa stanza da sola con lui.

Le PDG, d'altra parte, voleva restare solo con Gabrielle.

Disperatamente.

Doveva spiegare. Sì, ce n'erano state molte prima di lei. Ma erano solo sesso. Non c'era nessun altra in quel momento. Non c'era stato nessun altra dopo di lei.

Non da quando l'aveva vista per la prima volta, anche prima che iniziassero a stare insieme.

Doveva spiegare. Gabrielle doveva sapere.

It was then when he wrote THE letter; he poured his heart and soul on paper.

> " .... All this madness I asked of you, I know there is confusion in your silence — but there are no actual words to describe my great love....
>
> Last night I dreamed about you .... We kept fusing into one another. I was you. You were me.
>
> ... But you were a different, a shadow, as drawn with chalk, and you were lifeless, fading away from me.
>
> Please don't leave me, my darling Gabrielle. I am nothing without you.
>
> I'm yours forever."

"Yes, forever mine, forever hers", she thought at the time.

And now *Le PDG* was standing between her and the most amazingly perfect man she had ever met. Loving, open, available physically and emotionally, present and tender.

Now she was the one who had to explain to Mr Wonderful. Desperately.

"How to explain what *Le PDG* had meant to her and why?" she wasn't even sure she knew herself to the full extent.

One thing was for sure. He had to know there wasn't anybody else right now. And there hadn't been anybody else since him. Or ever will.

Me, myself and us.

Fu allora che scrisse LA lettera; aveva riversato il suo cuore e la sua anima su carta.

" ... Tutta questa follia ho chiesto a te, so che c'è confusione nel tuo silenzio - ma non ci sono parole reali per descrivere il mio grande amore...

La scorsa notte ti ho sognato ... Continuavamo a fonderci l'uno nell'altro. Io ero te. Tu eri me.

... Ma eri un diversa, un'ombra, come disegnata con il gesso, ed eri senza vita, svanendo da me.

Per favore, non lasciarmi, mia cara Gabrielle. Non sono niente senza te.

Sono tuo per sempre."

"Sì, per sempre mia, per sempre tuo", pensò allora.

E adesso *Le PDG* si intrometteva tra lei e l'uomo più sorprendentemente perfetto che avesse mai incontrato. Affettuoso, aperto, disponibile fisicamente ed emotivamente, presente e tenero.

Ora era lei che doveva spiegare a Mr Wonderful. Disperatamente.

"Come posso spiegare cosa *Le PDG* aveva significato per lei e perché?" non era nemmeno sicura di saperlo lei stessa fino in fondo.

Una cosa era certa. Lui doveva sapere che non c'era nessun altro in quel momento. E non c'era stato nessun altro dopo di lui. O ci sarà mai.

Io, me stessa e noi.

AFTERWORD

Intensity-seeking is an enslavement of our own perpetuation.

When we step out of the delirium of always seeking someone new, and meet the same old sad and lonely child within, our healing journey begins.

Exhausting ourselves with novelty is a defence against our deepest pain, one that we cannot outrun.

But once we stop and feel our losses, we can being our healing journey and be the authentic joyous person we were born to be.

- Alexandra Katehakis.

POSTFAZIONE

La ricerca dell'intensità è una schiavitù della nostra stessa perpetuazione.

Quando usciamo dal delirio di cercare sempre qualcuno di nuovo e incontriamo lo stesso vecchio bambino triste e solo dentro di noi, il cammino verso la guarigione inizia.

Esaurirci di novità è una difesa contro il nostro dolore più profondo, uno che non possiamo oltrepassare.

Ma quando ci fermiamo e percepiamo finalmente quello che abbiamole perduto, possiamo iniziare il nostro percorso di guarigione ed essere la persona autenticamente gioiosa che siamo nati per essere.

- Alexandra Katehakis.

DISCLAIMER

Me Myself and Us is a work of fiction.

Although its form is that of a semi-autobiography (Gabrielle's), it is not one.

With the exception of public places any resemblance to persons living or dead is coincidental. Space and time have been rearranged to suit the convenience of the book, memory has its own story to tell.

The opinions expressed are those of the characters and should not be confused with the author's.

DICHIARAZIONE DI NON RESPONSABILITÀ

Io Me Stessa E Noi è un'opera di finzione.

Sebbene la sua forma sia quella del diario /semi-autobiografia, non lo è.

Ad eccezione dei luoghi pubblici, qualsiasi somiglianza con persone vive o morte è casuale. Spazio e il tempo sono stati riorganizzati per adattarsi alla comodità del libro, la memoria ha una sua storia da raccontare.

Le opinioni espresse sono quelle dei personaggi e non vanno confuse con quelle dell'autrice.

BONUS READING FROM THE NEXT ADVENTURE

When she arrived at her building, he was standing there. *Le PDG*. He was holding a bouquet of purple hyacinths in his hands, and one single red rose.

"I'm sorry", he said. "I should have told you myself. I took for granted that you knew about the gossip mill like everyone else seems to.

"I can't stop thinking about you. Please don't leave me. I am nothing without you."

And there he was, standing right in front of the building entrance; she couldn't get in without acknowledging his presence one way or the other.

She didn't want to, but she was aching for him.

"There has been no other since I met you. Only you", he continued.

"Did you get my letter?" he asked. Gabrielle nodded.

And suddenly, they were making love in her apartment, on the floor, on the table, starving for each other. They stayed up all night; it was the first time he had stayed over.

———

BONUS E LA PROSSIMA AVVENTURA

Quando Gabrielle arrivò al suo edificio, lui era lì. *Le PDG.* Teneva tra le mani un mazzo di giacinti viola e un'unica rosa rossa.

"Mi dispiace", le aveva detto. "Avrei dovuto dirtelo io stesso. Davo per scontato che tu sapessi del gossip come sembrano di sapere tutti gli altri.

Non riesco a smettere di pensarti. Per favore, non lasciarmi. Non sono niente senza di te."

Ed era lì, in piedi proprio davanti all'ingresso dell'edificio; non poteva entrare senza riconoscere la sua presenza in un modo o nell'altro.

Non voleva, ma lo desirava così tanto da far male.

"Non c'è stata nessun altra da quando ti ho incontrato. Solo tu", continuò.

"Hai ricevuto la mia lettera?" Le chiese. Gabriella annuì.

E all'improvviso stavano facendo l'amore nel suo appartamento, sul pavimento, sul tavolo, affamati l'uno per l'altro. Rimasero svegli tutta la notte; era la prima volta che si fermava.

———

This **BONUS** reading is an extract from the next adventures of Gabrielle. The story continues with **Freedom Over Me.**

Relationships aren't easy; they take a different take because of the memories and stories transformed during crucial moments.

Until meeting *Le PDG*, Gabrielle's experience of life was mainly secondhand, observed, and never viscerally involved.

And now that her layers are slowly peeling away, jealousy, frustration, anger, and rekindled love, this torrid affair had all the ingredients to become a modern tale of love, magic, and true self-discovery.

Questa lettura **BONUS** è un estratto delle prossime avventure di Gabrielle. La storia continua con **Libertà Su di Me.**

Relazioni non sono facili; prendono un aspetto diverso a causa dei ricordi e delle storie trasformate durante i momenti cruciali.

Fino all'incontro con *Le PDG*, l'esperienza di vita di Gabrielle era principalmente di seconda mano, osservata e mai visceralmente coinvolta.

E ora che le sue difese stanno lentamente cadendo, gelosia, frustrazione, rabbia e amore riacceso, questa avventura travolgente aveva tutti gli ingredienti per diventare una moderna storia d'amore, di magia e vera scoperta di sé.

GABRIELLE COMPLETE ADVENTURES

The Nine Lives of Gabrielle is a powerful **contemporary romance** focusing on **city life** with a dab of **billionaire office romance** and a **strong female lead** with backbone, a big heart and a stubborn streak. It will make you laugh, reflect, cry and gasp while enjoying the excitement of the Big Apple, dreaming of Paris and longing for London.

The Nine Lives of Gabrielle è una storia d'amore travolgente e un viaggio alla scoperta di sé - la storia d'amore perfetta per farti ridere (a meno che tu non abbia il senso dell'umorismo ;-)), riflettere, sussultare e forse versare una piccola lacrima mentre scopri emozioni nella Grande Mela, sogni a Parigi e hai nostalgia per Londra.

Available in English & Italian/

Disponibile in Inglese & Italiano

SELF LOVE BOOKS - ENGLISH

I don't care if you don't like me: I LOVE ME - 28 ways to love yourself more", - a self-love book with guided practices for women inspired by my contemporary romance book, **The Nine Lives of Gabrielle,** and the journey of self-discovery and self-love of the protagonist, Gabrielle.

*I don't care if you don't like me: I LOVE ME - 28 ways to love yourself more - un libro per amare se stessi con pratiche guidate specialmente per donne ispirato dal romanzo d'amore contemporaneo **The Nine Lives of Gabrielle,** e il viaggio alla scoperta di sé stessa della protagonista, Gabrielle.*

Here you will find 28 quick and easy ways to love yourself more every day with techniques that you can try out and then adopt going forward.

Qui troverai 28 modi semplici e veloci per amarti di più ogni giorno con tecniche che puoi provare e poi adottare in futuro.

Day by day, all these little practices stack up and compound, creating a domino effect, not visible at the beginning but with a massive impact as you move along.

Giorno dopo giorno, tutte queste piccole pratiche si accumulano e si combinano, creando un effetto domino, non visibile all'inizio ma con un impatto enorme man mano che avanzi.

Available in English/Disponible in Inglese

AUTHOR'S NOTE / NOTA DALL'AUTRICE

Thank you so much for reading *Me Myself and US*.

Grazie mille per aver letto Io Me Stessa E Noi.

I hope you found reading this short story useful for *remembering* your language skills and you also enjoyed the story .

Spero che questa novella vi sia piaciuta e l'abbiate trovata utile per ricordare le vostre capacità linguistica.

A review would be much appreciated as it helps other readers discover the story and the series. Thanks.

Una recensione sarebbe molto apprezzata in quanto aiuta altri lettori a scoprire la storia e la serie. Grazie.

If you sign up for my newsletter you'll be notified of giveaways, new releases and receive personal updates from behind the scenes of my business and books.

Se ti iscrivi alla mia newsletter, sarete informati di omaggi, nuove uscite e riceverete aggiornamenti personali da dietro le quinte della mia attività e dei miei libri.

Go to/ *Visita* www.thepeoplealchemist.com to get started/ *per cominciare.*

Places in the book

I have set the story in real places in Paris and in a modelled fictional town in the north of France (and obviously London). You can see some of the places here or even visit:

Luoghi nel libro

Ho ambientato la storia in luoghi reali a Parigi and in una cittadina fittizia nel Nord della Francia (e ovviamente Londra). Puoi scoprire di più su di loro o anche visitare:

- Eurostar
- Gare du Nord
- Le Metro
- TGV (train à grande vitesse)

Bibliography

I read a lot of books as part of my research. Some of them together with other references include:

Bibliografia

Ho letto molti libri come parte della mia ricerca. Alcuni di loro insieme ad altri riferimenti includono:

The Artist Way - **Julia Cameron**
The Complete Reader - **Neville Goddard**, compiled and edited by
David Allen
Psycho-Cybernetics - **Maxwell Maltz**
A Theory of Human Motivation - **Abraham Maslow**

Printed in Great Britain
by Amazon

26161779R00036